Impressum
Verlag: BABADADA GmbH, Nedderfeld 112 , 22529 Hamburg
Geschäftsführer / Verlagsleitung: Harald Hof
Druck: Books on Demand GmbH, In de Tarpen 42, 22848 Norderstedt

Imprint
Publisher: BABADADA GmbH, Nedderfeld 112 , 22529 Hamburg, Germany
Managing Director / Publishing direction: Harald Hof
Print: Books on Demand GmbH, In de Tarpen 42, 22848 Norderstedt

el colegio
mokykla

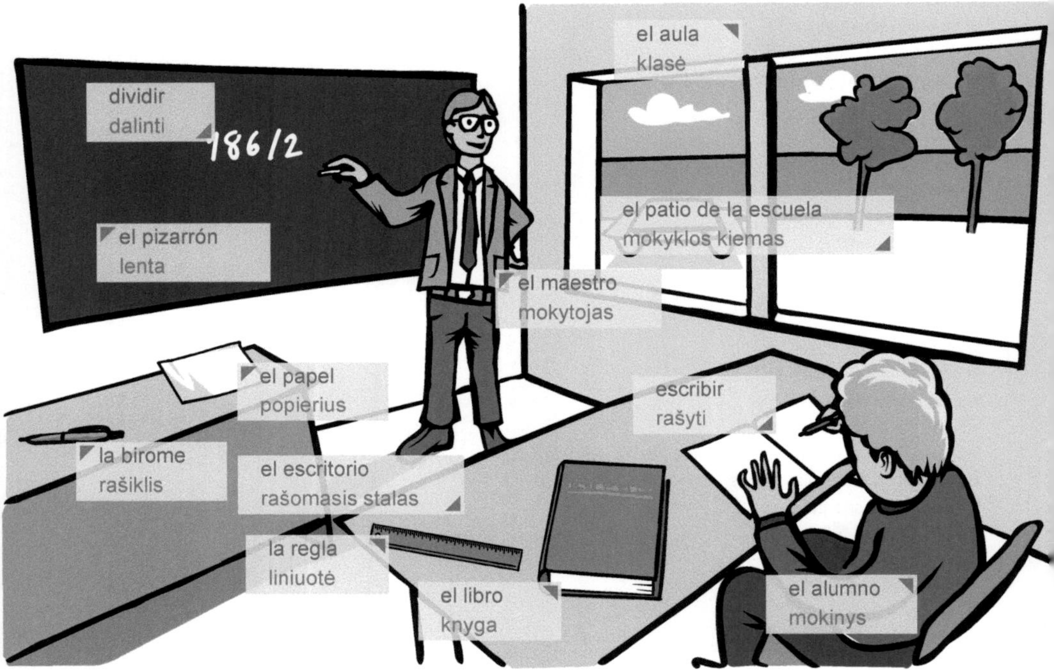
el aula
klasė
dividir
dalinti
186/2
el pizarrón
lenta
el patio de la escuela
mokyklos kiemas
el maestro
mokytojas
el papel
popierius
escribir
rašyti
la birome
rašiklis
el escritorio
rašomasis stalas
la regla
liniuotė
el libro
knyga
el alumno
mokinys

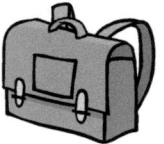

la mochila

kuprinė

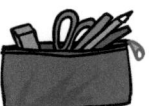

la caja de lápices

penalas

el lápiz

pieštukas

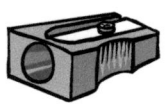

el sacapuntas

drožtukas

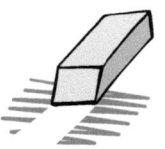

la goma (de borrar)

trintukas

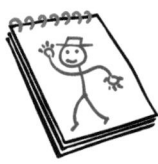

el bloc de dibujo

piešimo bloknotas

el dibujo

piešinys

el pincel

teptukas

la caja de pinturas

dažų dėžutė

la tijera

žirklės

el pegamento

klijai

el cuaderno de ejercicios

vadovėlis

la tarea

namų darbai

el número

numeris

sumar

pridėti

restar

atimti

multiplicar

dauginti

calcular

skaičiuoti

la letra

raidė

el abecedario

abėcėlė

la palabra

žodis

el texto

tekstas

leer

skaityti

la tiza

kreida

la lección

pamoka

el cuaderno de clase

dienynas

el examen

egzaminas

el certificado

pažymėjimas

el uniforme escolar

mokyklinė uniforma

la educación

išsilavinimas

la enciclopedia

enciklopedija

la universidad

universitetas

el microscopio

mikroskopas

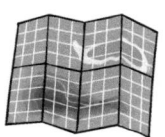

el mapa

žemėlapis

el tacho (de basura)

šiukšliadėžė

el viaje
kelionė

el hotel
viešbutis
Grand
el hostel
svečių namai
ROOMS
EXCHANGE
la casa de cambio
valiutos keitykla
la valija
lagaminas
el auto
mašina

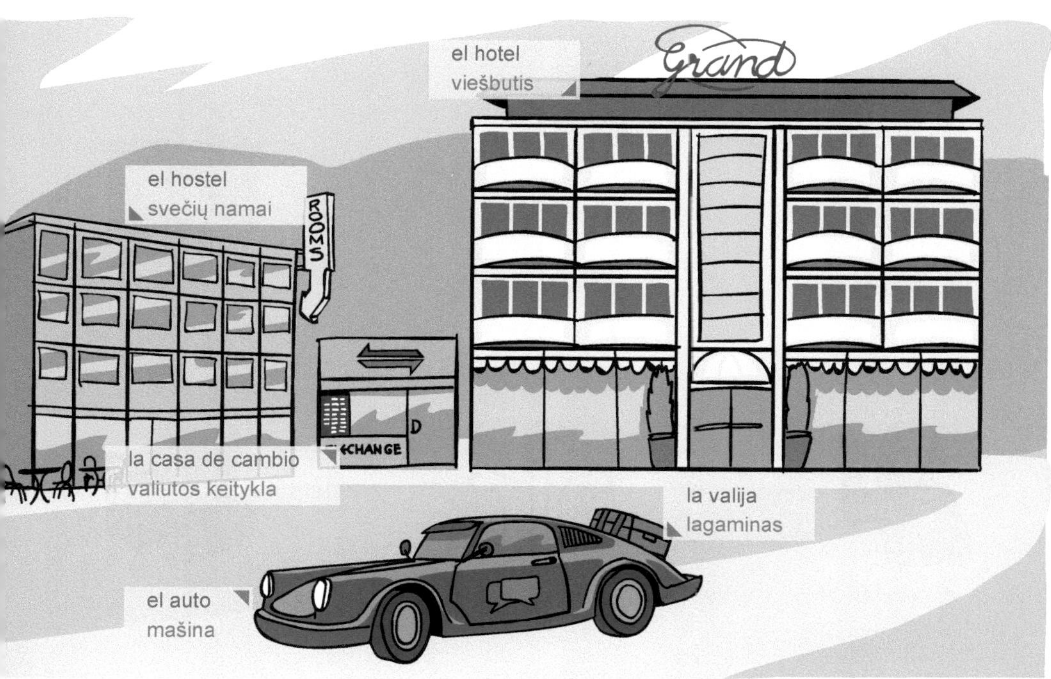

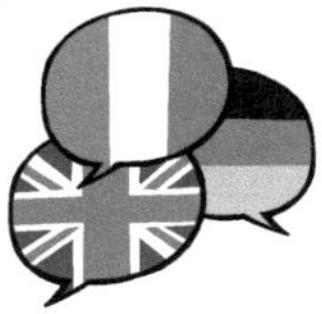

el idioma

kalba

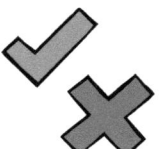

sí / no

taip / ne

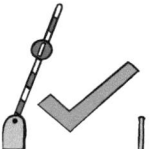

Está bien

Gerai

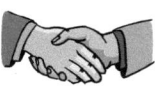

hola

sveiki

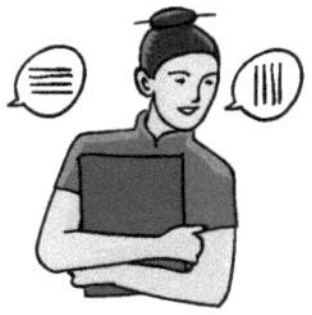

el traductor

vertėjas raštu

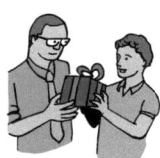

Gracias

Ačiū

¿cuánto cuesta…?

kiek kainuoja…?

No entiendo

aš nesuprantu

el problema

problema

¡Buenas tardes!

Labas vakaras!

¡Buenos días!

Labas rytas!

¡Buenas noches!

Labos nakties!

el adiós

viso gero

la dirección

kryptis

el equipaje

bagažas

el bolso

krepšys

la mochila

kuprinė

el invitado

svečias

la habitación

kambarys

la bolsa de dormir

miegmaišis

la carpa

palapinė

la información turística

turizmo informacija

la playa

paplūdimys

la tarjeta de crédito

kreditinė kortelė

el desayuno

pusryčiai

el almuerzo

pietūs

la cena

vakarienė

el pasaje

bilietas

el ascensor

liftas

el sello

pašto ženklas

la frontera

siena

la aduana

muitinė

la embajada

ambasada

la visa

viza

el pasaporte

pasas

el transporte
transportas

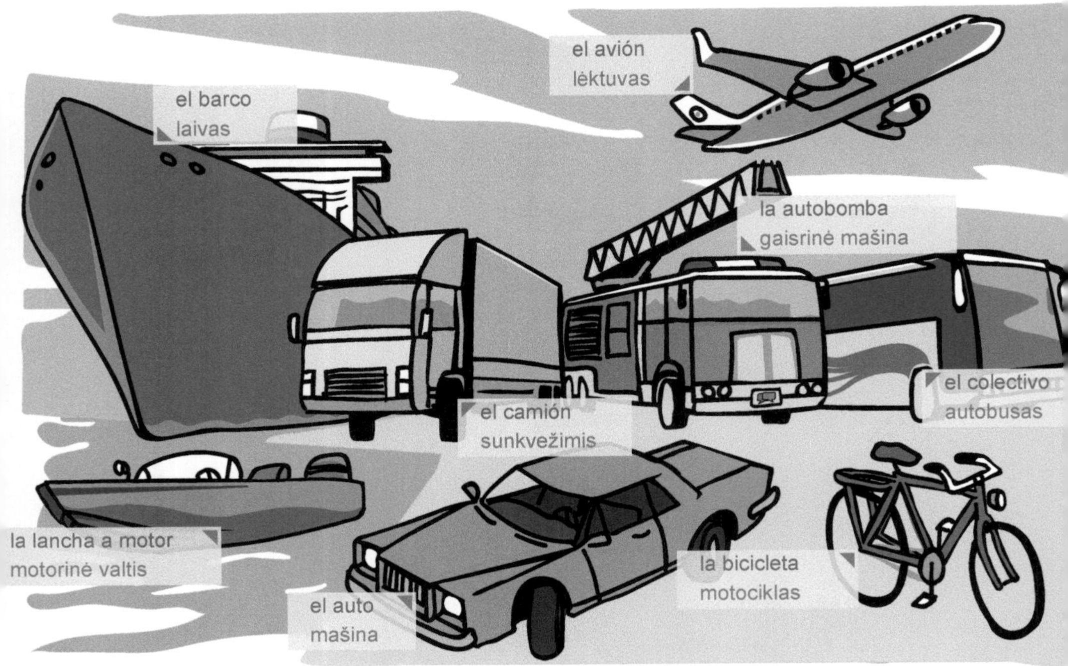
el avión
lėktuvas
el barco
laivas
la autobomba
gaisrinė mašina
el colectivo
autobusas
el camión
sunkvežimis
la lancha a motor
motorinė valtis
la bicicleta
motociklas
el auto
mašina

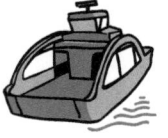

el ferry

keltas

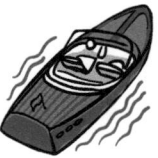

el bote

valtis

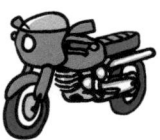

la moto

mopedas

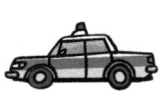

el patrullero

policijos automobilis

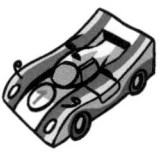

el auto de carreras

lenktyninis automobilis

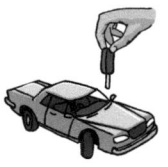

el auto de alquiler

nuomojamas automobilis

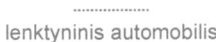

el alquiler de autos

bendras automobilio
naudojimas

la grúa

techninės pagalbos
automobilis

el camión de la basura

šiukšliavežė

el motor

variklis

la nafta

degalai

la estación de servicio

degalinė

la señal de tránsito

kelio ženklas

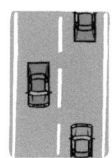

el tránsito

eismas

el embotellamiento

eismo spūstis

el estacionamiento

mašinų stovėjimo aikštelė

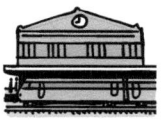

la estación de tren

traukinių stotis

las vías

bėgiai

el tren

traukinys

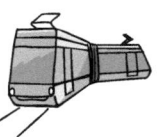

el tranvía

tramvajus

el vagón

vagonas

el helicóptero

sraigtasparnis

el aeropuerto

oro uostas

la torre

bokštas

el pasajero

keleivis

el contenedor

konteineris

la caja de cartón

dėžė

la carretilla

vežimėlis

la canasta

krepšys

despegar / aterrizar

pakilti / nusileisti

la ciudad

miestas

el pueblo

kaimas

el centro de la ciudad

miesto centras

la casa

namas

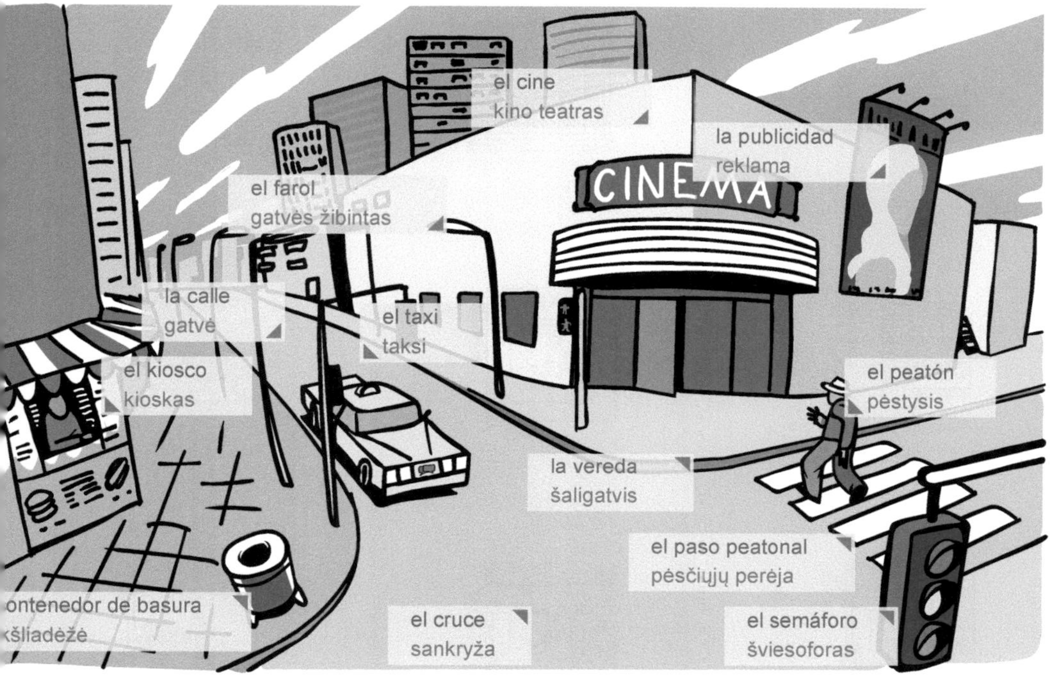

el cine / kino teatras

la publicidad / reklama

el farol / gatvės žibintas

la calle / gatvė

el taxi / taksi

el kiosco / kioskas

el peatón / pėstysis

la vereda / šaligatvis

el paso peatonal / pėsčiųjų perėja

...ontenedor de basura / ...šliadėžė

el cruce / sankryža

el semáforo / šviesoforas

la cabaña
trobelė

el departamento
butas

la estación de tren
traukinių stotis

la municipalidad
rotušė

el museo
muziejus

el colegio
mokykla

la ciudad - miestas

la universidad

universitetas

el banco

bankas

el hospital

ligoninė

el hotel

viešbutis

la farmacia

vaistinė

la oficina

biuras

la librería

knygynas

el negocio

parduotuvė

la florería

gėlių parduotuvė

el supermercado

prekybos centras

el mercado

turgus

las grandes tiendas

universalinė parduotuvė

la pescadería

žuvies parduotuvė

el centro comercial

prekybos centras

el puerto

uostas

el parque

parkas

el banco

suoliukas

el puente

tiltas

las escaleras

laiptai

el subte

metro

el túnel

tunelis

la parada del colectivo

autobusų stotelė

el bar

baras

el restaurante

restoranas

el buzón

lauko pašto dėžutė

el letrero

kelio ženklas

el parquímetro

parkomatas

el zoológico

zoologijos sodas

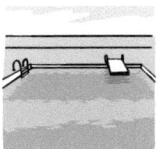

la pileta

baseinas

la mezquita

mečetė

la granja

ūkininko ūkis

la contaminación

tarša

el cementerio

kapinės

la iglesia

bažnyčia

los juegos infantiles

žaidimų aikštelė

el templo

šventykla

el paisaje

kraštovaizdis

la hoja
lapas

el poste indicador
kelio rodyklė

el camino
kelias

la pradera
pieva

la piedra
akmuo

el árbol
medis

el excursionista
ėjikas

el río
upė

la hierba
žolė

la flor
gėlė

el valle

slėnis

la montaña

kalva

el lago

ežeras

el bosque

miškas

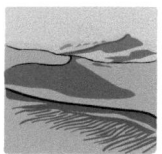

el desierto

dykuma

el volcán

ugnikalnis

el castillo

pilis

el arco iris

vaivorykštė

el champiñón

grybas

la palmera

palmė

el mosquito

uodas

la mosca

musė

la hormiga

skruzdėlė

la abeja

bitė

la araña

voras

el escarabajo

vabalas

la rana

varlė

la ardilla

voverė

el erizo

ežys

la liebre

kiškis

la lechuza

pelėda

el pájaro

paukštis

el cisne

gulbė

el jabalí

šernas

el ciervo

elnias

el alce

briedis

la presa

užtvanka

el aerogenerador

vėjo jėgainė

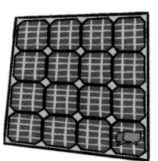

el panel solar

saulės baterija

el clima

klimatas

el restaurante
restoranas

el mozo
padavėjas
el menú
meniu
la silla
kėdė
la sopa
sriuba
la pizza
pica
el mantel
staltiesė
los cubiertos
stalo įrankiai

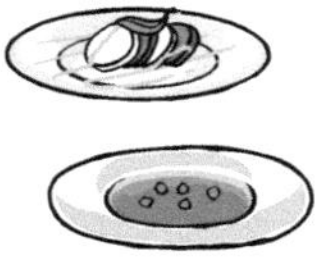

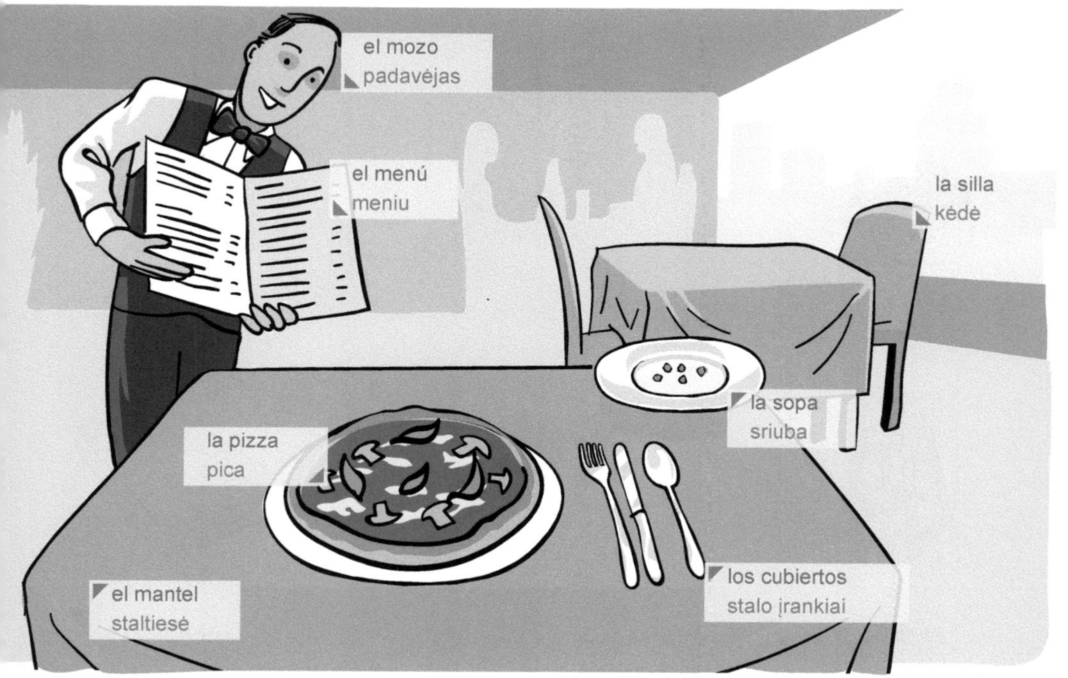

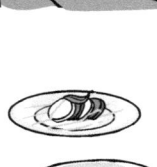

la entrada
užkandis

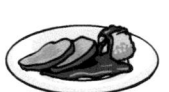

el plato principal
pagrindinis patiekalas

el postre
desertas

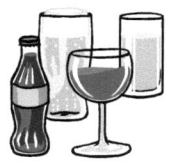

las bebidas
gėrimai

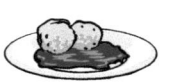

la comida
maistas

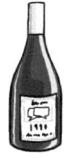

la botella
butelis

la comida rápida

greitai pateikiamas maistas

la comida callejera

gatvės maistas

la tetera

arbatinukas

la azucarera

cukrinė

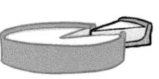

la porción

porcija

la cafetera expreso

espreso aparatas

la sillita alta

aukšta kėdė

la cuenta

sąskaita

la bandeja

padėklas

el cuchillo

peilis

el tenedor

šakutė

la cuchara

šaukštas

la cucharita

arbatinis šaukštelis

la servilleta

servetėlė

el vaso

stiklinė

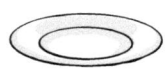

el plato

lėkštė

el plato hondo

sriubos lėkštė

el plato

padėklas

la salsa

padažas

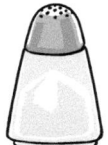

el salero

druskinė

el molinillo de pimienta

pipirų malūnėlis

el vinagre

actas

el aceite

aliejus

las especias

prieskoniai

el kétchup

kečupas

la mostaza

garstyčios

la mayonesa

majonezas

el supermercado
prekybos centras

la oferta especial
specialus pasiūlymas
FOR
el cliente
pirkėjas
los lácteos
pieno produktai
la fruta
vaisiai
el changuito
troleibusas

BUTCHERS

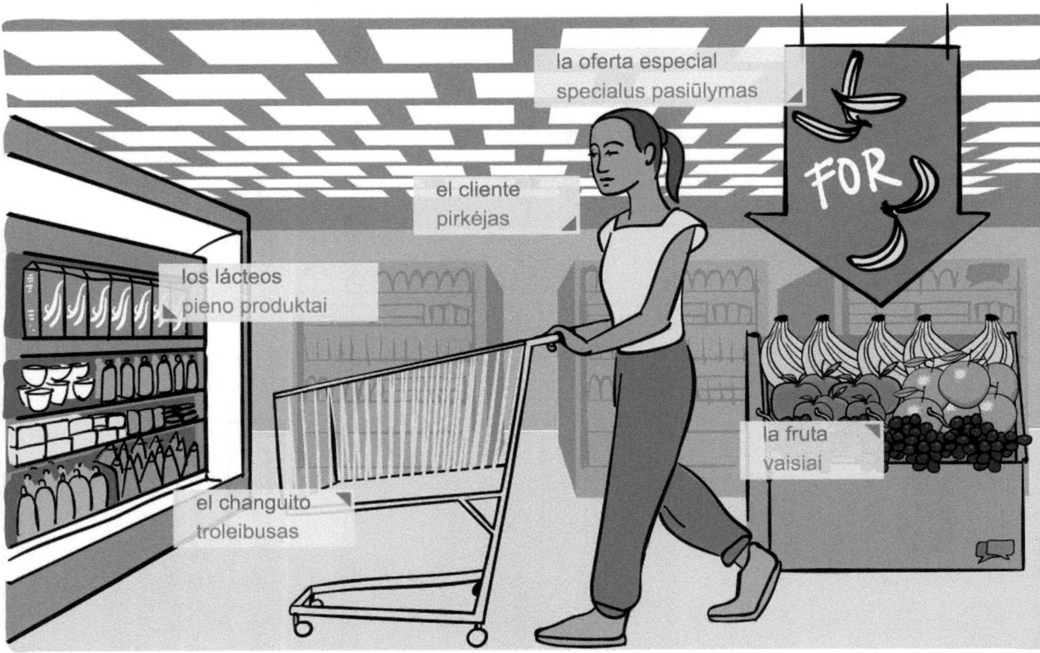

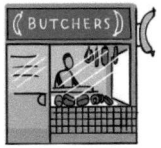

la carnicería

mėsos parduotuvė

BAKERY

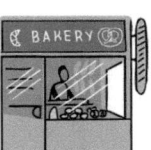

la panadería

kepykla

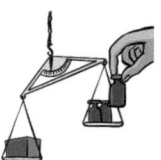

pesar

sverti

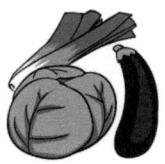

las verduras

daržovės

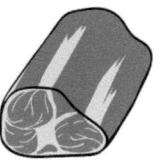

la carne

mėsa

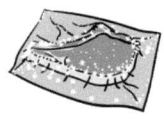

los alimentos congelados

šaldytas maistas

los fiambres

šalti mėsos užkandžiai

los alimentos enlatados

konservai

el detergente en polvo

skalbimo milteliai

las golosinas

saldumynai

los electrodomésticos

ūkinės prekės

los productos de limpieza

valymo priemonės

la vendedora

pardavėja

la caja

kasos aparatas

el cajero

kasininkas

la lista de compras

pirkinių sąrašas

el horario de atención

darbo valandos

la billetera

piniginė

la tarjeta de crédito

kreditinė kortelė

la cartera

maišelis

la bolsa de plástico

plastikinis maišelis

el supermercado - prekybos centras

el agua

vanduo

el jugo

sultys

la leche

pienas

la bebida cola

kola

el vino

vynas

la cerveza

alus

el alcohol

alkoholis

el cacao

kakava

el té

arbata

el café

kava

el café expreso

espresas

el cappuccino

kapučinas

la banana

bananas

la manzana

obuolys

la naranja

apelsinas

el melón

arbūzas

el limón

citrina

la zanahoria

morka

el ajo

česnakas

el bambú

bambukas

la cebolla

svogūnas

el champiñón

grybas

las nueces

riešutai

los fideos

makaronai

los tallarines

spagečiai

el arroz

ryžiai

la ensalada

salotos

las papas fritas

traškučiai

las papas fritas

keptos bulvės

la pizza

pica

la hamburguesa

mėsainis

el sándwich

sumuštinis

el churrasco

pjausnys

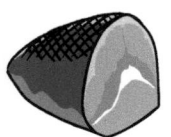

el jamón

kumpis

el salame

saliamis

la salchicha

dešrelė

el pollo

vištiena

el asado

kepsnys

el pescado

žuvis

los copos de avena

avižų dribsniai

el muesli

dribsniai su priedais

los copos de maíz

kukurūzų dribsniai

la harina

miltai

la medialuna

prancūziškasis ragelis

el pancito

bandelė

el pan

duona

la tostada

skrebutis

las galletitas

sausainiai

la manteca

sviestas

la cuajada

varškė

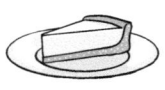

la torta

tortas

el huevo

kiaušinis

el huevo frito

kiaušinienė

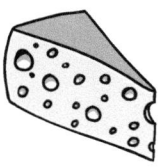

el queso

sūris

el helado

ledai

el azúcar

cukrus

la miel

medus

la mermelada

uogienė

la pasta de chocolate

tepamas šokoladas

el curry

karis

la granja
ūkininko ūkis

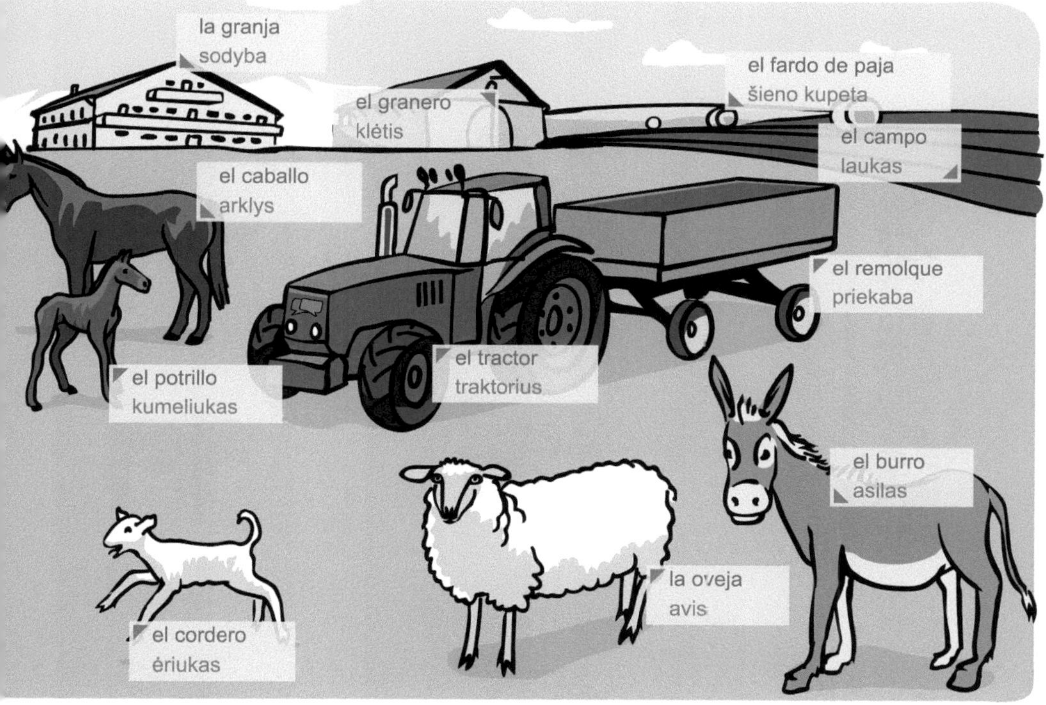
la granja
sodyba
el granero
klėtis
el fardo de paja
šieno kupeta
el campo
laukas
el caballo
arklys
el remolque
priekaba
el tractor
traktorius
el potrillo
kumeliukas
el burro
asilas
la oveja
avis
el cordero
ėriukas

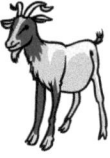

la cabra

ožys

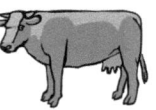

la vaca

karvė

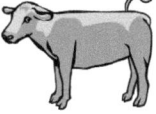

el ternero

veršis

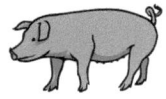

el cerdo

kiaulė

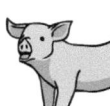

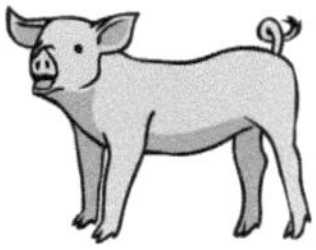

el lechón

paršelis

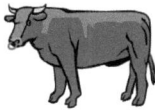

el toro

bulius

el ganso

žąsis

el pato

antis

el pollo

viščiukas

la gallina

višta

el gallo

gaidys

la rata

žiurkė

el gato

katė

el ratón

pelė

el buey

jautis

el perro

šuo

la cucha

šuns būda

la manguera

sodo namas

la regadera

laistytuvas

la guadaña

dalgis

el arado

plūgas

la hoz

pjautuvas

la azada

kauptukas

la horquilla

šakės

el hacha

kirvis

la carretilla

statinė

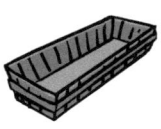

el abrevadero

lovys

la lechera

bidonas

la bolsa

maišas

la reja

tvora

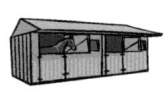

el establo

arklidė

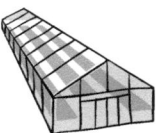

el invernadero

šiltnamis

el suelo

dirva

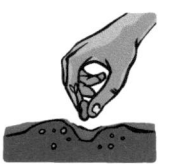

la semilla

sėkla

el fertilizador

trąšos

la cosechadora

kombainas

cosechar

rinkti

la cosecha

derlius

las batatas

saldžiosios bulvės

el trigo

kviečiai

la soja

soja

la papa

bulvė

el maíz

kukurūzai

la semilla de colza

rapsai

el árbol frutal

vaismedis

la mandioca

manijokas

los cereales

grūdai

la casa
namas

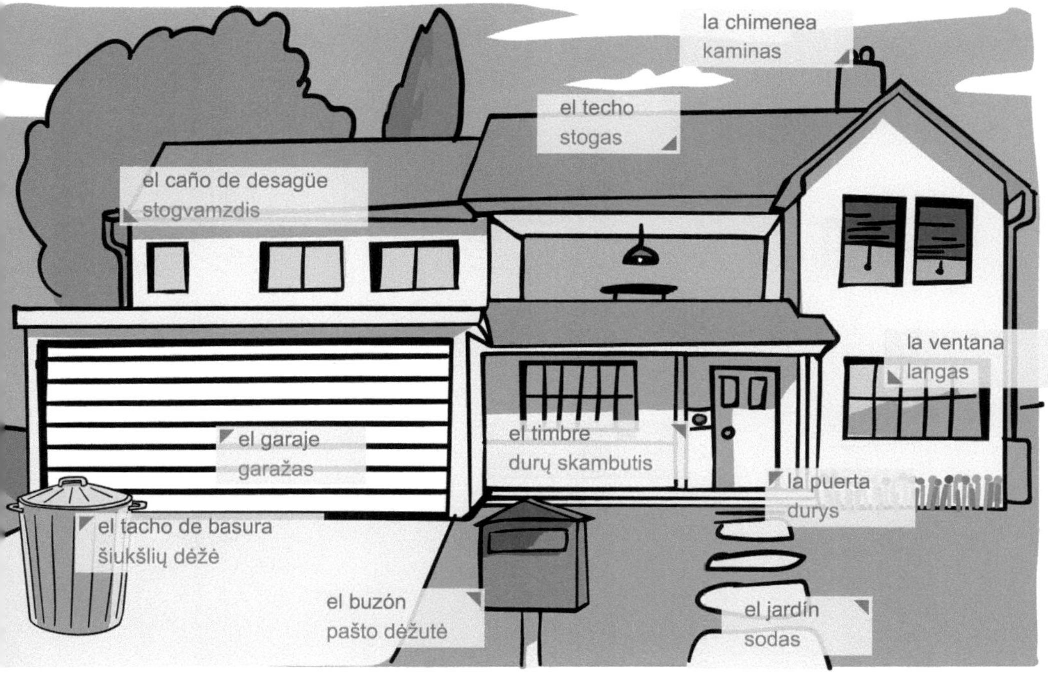

la chimenea
kaminas
el techo
stogas
el caño de desagüe
stogvamzdis
la ventana
langas
el garaje
garažas
el timbre
durų skambutis
la puerta
durys
el tacho de basura
šiukšlių dėžė
el buzón
pašto dėžutė
el jardín
sodas

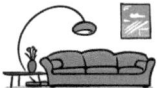

el living
svetainė

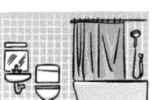

el baño
vonios kambarys

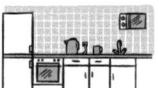

la cocina
virtuvė

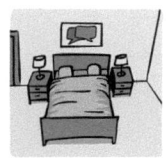

el dormitorio
miegamasis

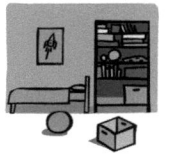

el cuarto de los chicos
vaiko kambarys

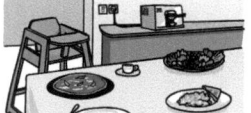

el comedor
valgomasis

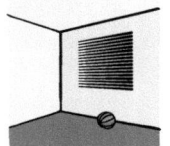

el piso

grindys

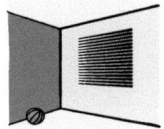

la pared

siena

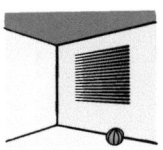

el cielorraso

lubos

el sótano

rūsys

el sauna

sauna

el balcón

balkonas

la terraza

terasa

la pileta

baseinas

la cortadora de pasto

žoliapjovė

la sábana

paklodė

el acolchado

lovatiesė

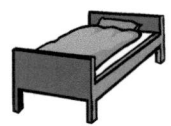

la cama

lova

la escoba

šluota

el balde

kibiras

el interruptor

jungiklis

el living
svetainė

el empapelado
tapetai
la imagen
nuotrauka
la lámpara
šviestuvas
el estante
lentyna
el armario
spintelė
la televisión
televizorius
la chimenea
židinys
la flor
gėlė
el almohadón
pagalvėlė
el sofá
sofa
el florero
vaza
el control remoto
nuotolinio valdymo pultelis

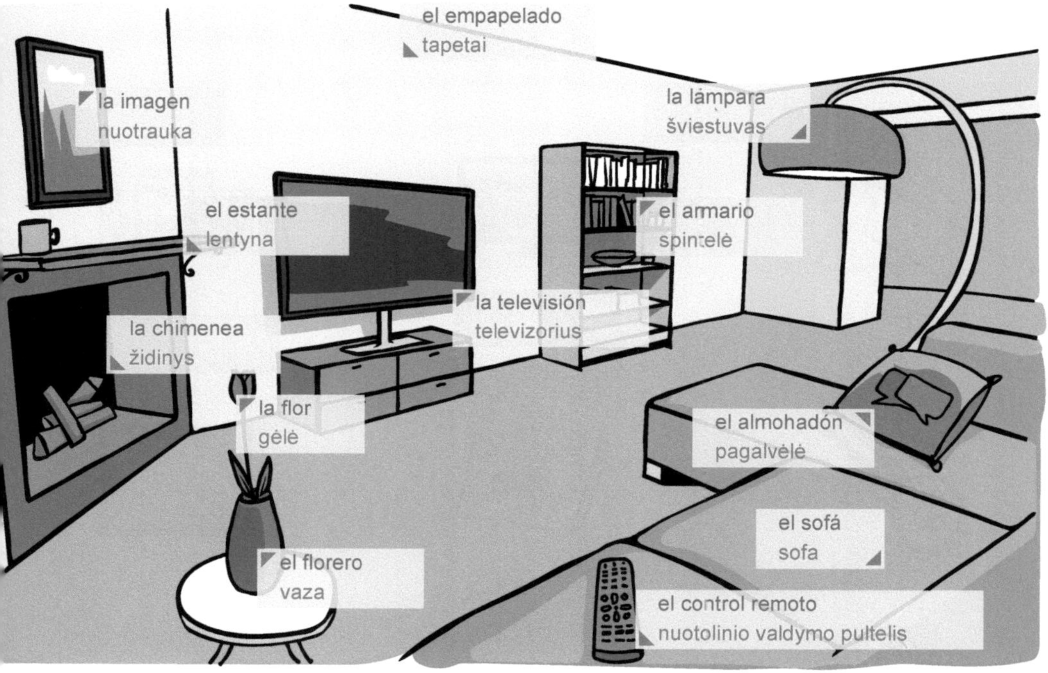

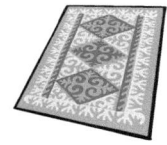

la alfombra

kilimas

la cortina

užuolaida

la mesa

stalas

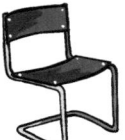

la silla

kėdė

la mecedora

supamasis krėslas

el sillón

fotelis

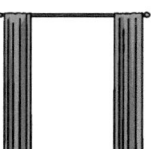

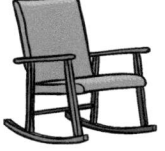

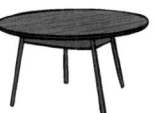

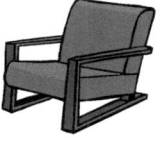

el libro

knyga

la frazada

antklodė

la decoración

papuošimai

la leña

malkos

la película

filmas

el equipo de música

stereo aparatūra

la llave

raktas

el diario

laikraštis

la pintura

paveikslas

el póster

plakatas

la radio

radijas

el cuaderno

užrašų knygelė

la aspiradora

dulkių siurblys

el cactus

kaktusas

la vela

žvakė

el living - svetainė

la cocina
virtuvė

la heladera
šaldytuvas
el microondas
mikrobangų krosnelė
la balanza de cocina
virtuvinės svarstyklės
la tostadora
skrudintuvas
el detergente
ploviklis
el horno
orkaitė
el freezer
šaldymo kamera
el tacho de basura
šiukšlių dėžė
el lavaplatos
indaplovė

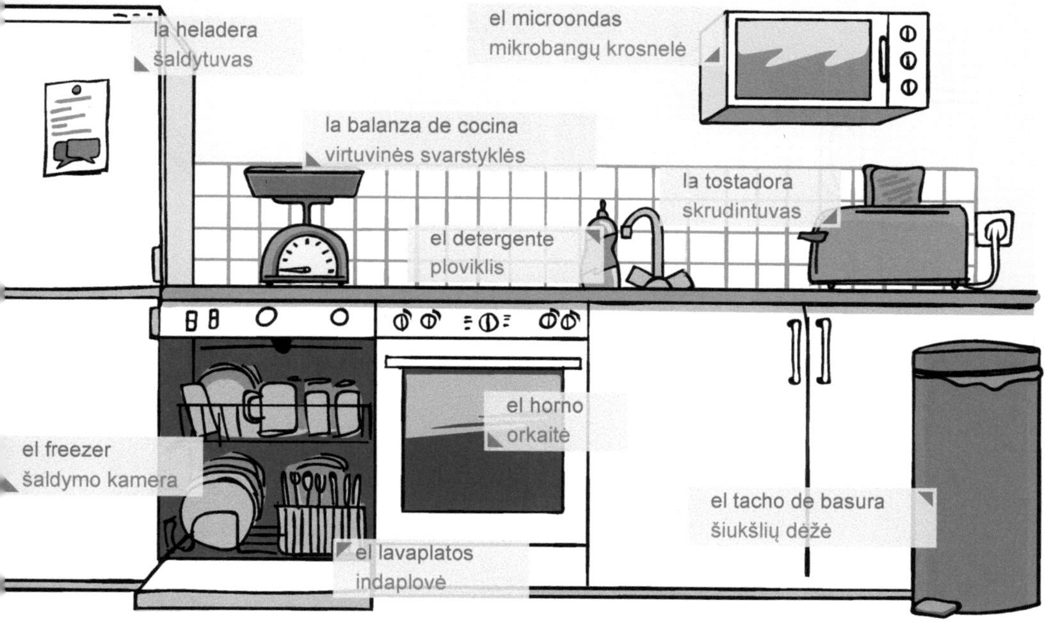

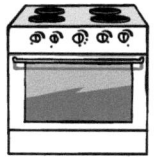

la cocina
viryklė

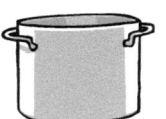

la olla
puodas

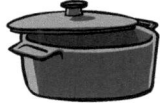

la olla de hierro fundido
ketaus puodas

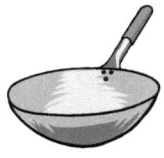

el wok
„wok“ keptuvė

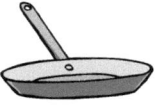

la sartén
keptuvė

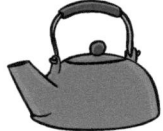

la pava
virdulys

la vaporera

garų puodas

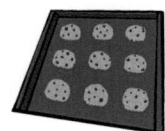

la bandeja de horno

kepimo skarda

la vajilla

porceliano indai

la taza

puodelis

el bol

dubuo

los palitos

valgomosios lazdelės

el cucharón

samtis

la espátula

mentelė

la batidora

plaktuvas

el colador

koštuvas

el colador

sietas

el rallador

trintuvė

el mortero

grūstuvė

la parrilla

kepsninė

la fogata

atvira liepsna

la tabla de picar

pjaustymo lentelė

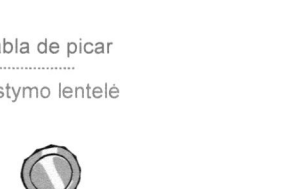

el palo de amasar

kočėlas

el sacacorchos

kamščiatraukis

la lata

skardinė

el abrelatas

skardinių atidarytuvas

la manopla

puodkėlė

la pileta

kriauklė

el cepillo

šepetys

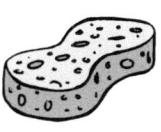

la esponja

kempinė

la batidora

trintuvas

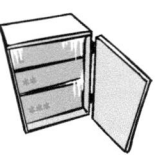

el congelador

šaldiklis

la mamadera

kūdikių buteliukas

la canilla

čiaupas

el baño
vonios kambarys

la ducha
dušas
la calefacción
šildymas
la toalla
rankšluostis
la cortina de la ducha
dušo užuolaidos
el baño de espuma
vonios putos
la bañadera
vonia
el vaso
stiklinė
el lavarropas
skalbimo mašina
la canilla
čiaupas
las baldosas
plytelės
la pelela
naktinis puodukas
la pileta
kriauklė

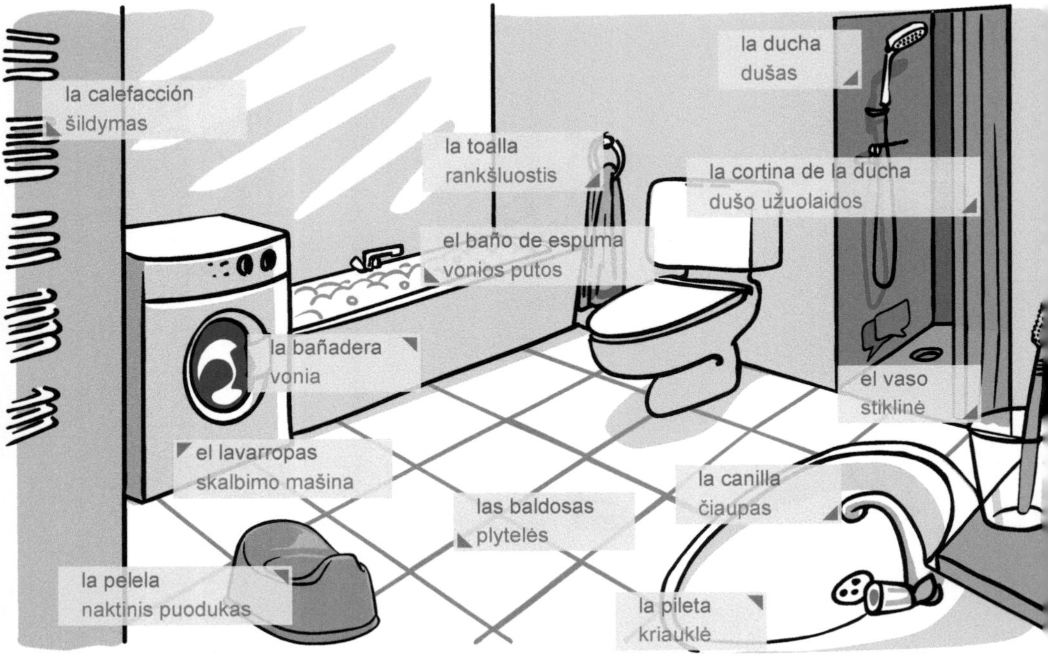

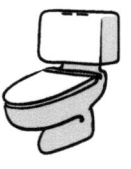

el inodoro

unitazas

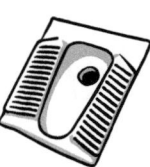

la letrina

tupimasis unitazas

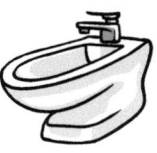

el bidé

bidė

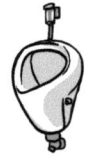

el mingitorio

pisuaras

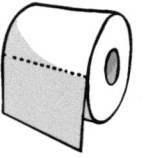

el papel higiénico

tualetinis popierius

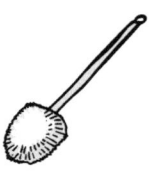

el cepillo para el inodoro

unitazo šepetys

el cepillo de dientes

dantų šepetėlis

el dentífrico

dantų pasta

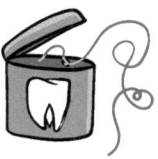

el hilo dental

dantų siūlas

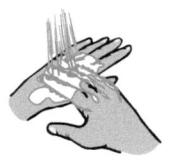

lavar

plauti

la ducha de mano

dušo galvutė

la ducha higiénica

higieninis dušas

la palangana

praustuvas

el cepillo para la espalda

nugaros plaušinė

el jabón

muilas

el gel de ducha

dušo želė

el shampoo

šampūnas

la toallita

plaušinė

el desagüe

kanalizacija

la crema

kremas

el desodorante

dezodorantas

el espejo

veidrodis

el espejito

veidrodėlis

la maquinita de afeitar

skustuvas

la espuma de afeitar

skutimosi putos

el aftershave

losjonas po skutimosi

el peine

šukos

el cepillo

šepetys

el secador de pelo

plaukų džiovintuvas

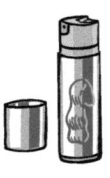

el spray

plaukų lakas

el maquillaje

makiažas

el lápiz de labios

lūpdažis

el esmalte para uñas

nagų lakas

el algodón

vata

la tijera para uñas

žirklutės nagams

el perfume

kvepalai

el portacosméticos

maišelis skalbiniams

la banqueta

taburetė

la balanza

svarstyklės

la bata

chalatas

los guantes de goma

guminės pirštinės

el tampón

tamponas

la toallita femenina

higieninis įklotas

el baño químico

biotualetas

el cuarto de los chicos

vaiko kambarys

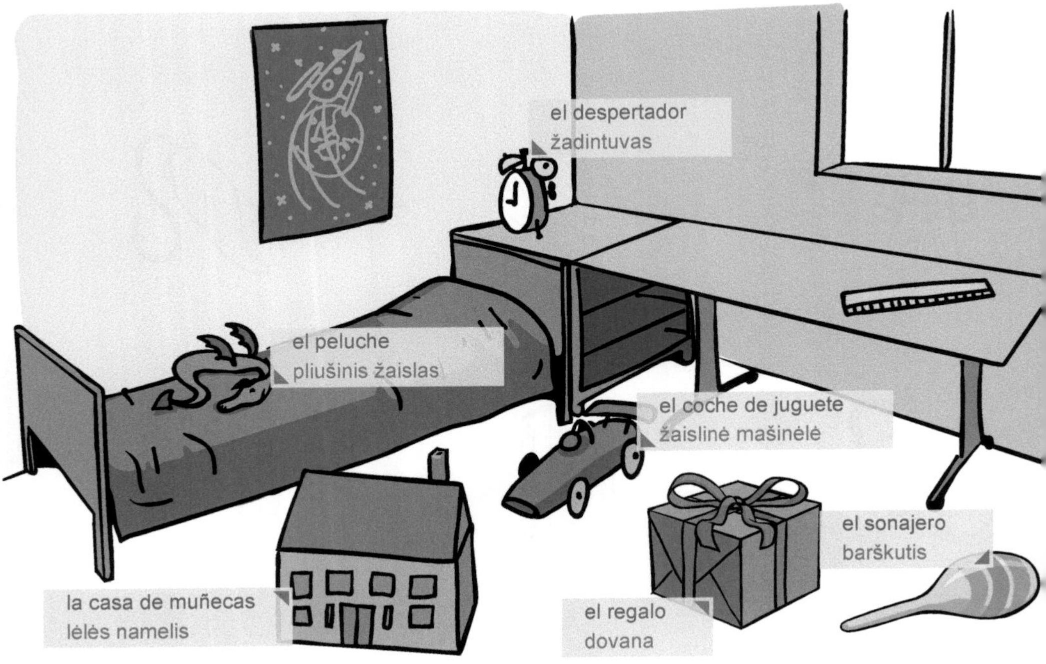
el despertador
žadintuvas
el peluche
pliušinis žaislas
el coche de juguete
žaislinė mašinėlė
el sonajero
barškutis
la casa de muñecas
lėlės namelis
el regalo
dovana

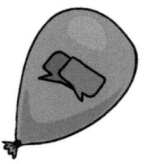

el globo

balionas

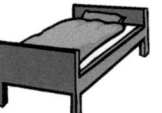

la cama

lova

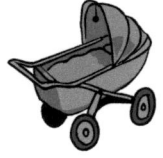

el cochecito

vaikiškas vežimėlis

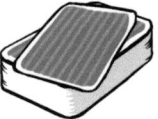

las cartas

kortų malka

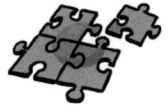

el rompecabezas

delionė

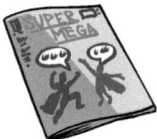

la historieta

komiksai

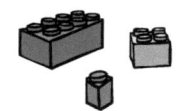

las piezas de lego

lego kaladėlės

los ladrillos de juguete

žaislinės kaladėlės

la figura de acción

figūrėlė

el enterito (de bebé)

šliaužtinukai

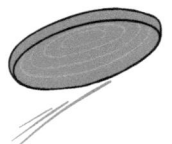

el frisbee

mėtymo lėkštė

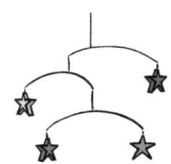

el móvil para bebés

karuselė

el juego de mesa

stalo žaidimas

los dados

kauliukai

el tren eléctrico

žaislinis traukinys

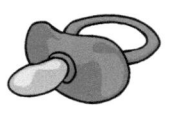

el chupete

žindukas

la fiesta

vakarėlis

el libro de cuentos ilustrado

paveiksliukų knygelė

la pelota

kamuolys

la muñeca

lėlė

jugar

žaisti

el arenero

smėlio dėžė

la hamaca

sūpynės

los juguetes

žaislai

la consola de videojuegos

žaidimų konsolė

el triciclo

triratukas

el osito de peluche

meškiukas

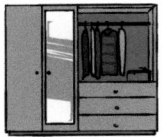

el armario

drabužių spinta

la ropa

drabužis

las medias

kojinės

las medias panty

kojinės virš kelių

las calzas

pėdkelnės

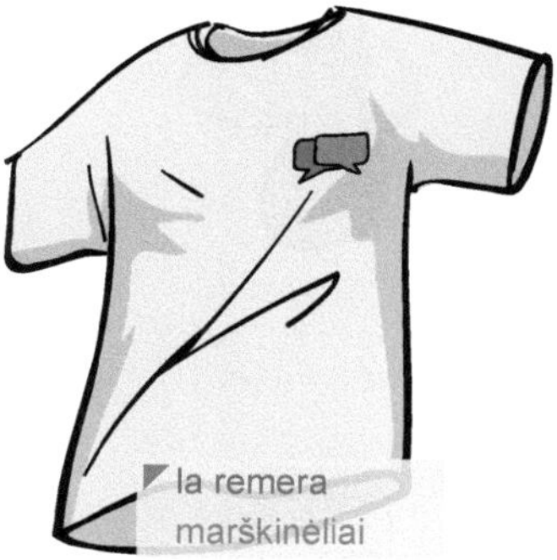

la bufanda
šalikas

el paraguas
skėtis

la remera
marškinėliai

el cinturón
diržas

las botas
ilgaauliai batai

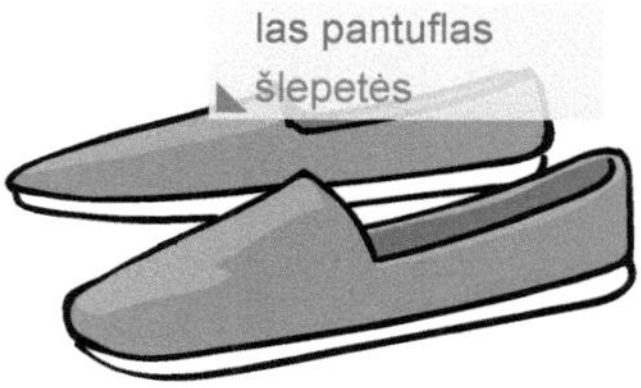

las pantuflas
šlepetės

las zapatillas
sportbačiai

las sandalias
·················
sandalai

los zapatos
·················
batai

las botas de goma
·················
guminiai batai

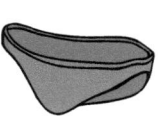
la ropa interior
·················
trumpikės

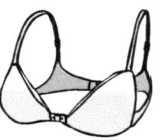
el corpiño
·················
liemenėlė

el chaleco
·················
liemenė

el body
glaustinukė

los pantalones
kelnės

los jeans
džinsai

la pollera
sijonas

la blusa
palaidinė

la camisa
marškiniai

el pulóver
megztinis

el buzo
megztinis su gobtuvu

el blazer
švarkelis

la campera
švarkas

el tapado
paltas

el piloto
lietpaltis

el traje
kostiumas

el vestido
suknelė

el vestido de novia
vestuvinė suknelė

el traje

kostiumas

el camisón

naktiniai marškiniai

el pijama

pižama

el sari

saris

el pañuelo para la cabeza

skarelė

el turbante

tiurbanas

la burka

burka

el caftán

kaftanas

la abaya

abaja

el traje de baño

maudymosi kostiumėlis

el short de baño

glaudės

los shorts

šortai

el jogging

sportinis kostiumas

el delantal

prijuostė

los guantes

pirštinės

el botón

saga

los anteojos

akiniai

la pulsera

apyrankė

el collar

vėrinys

el anillo

žiedas

el aro

auskaras

la gorra

kepurė

la percha

pakabas

el sombrero

skrybėlė

la corbata

kaklaraištis

el cierre

užtrauktukas

el casco

šalmas

los tiradores

breketai

el uniforme escolar

mokyklinė uniforma

el uniforme

uniforma

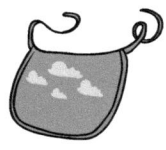

el babero

seilinukas

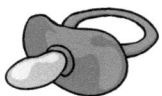

el chupete

žindukas

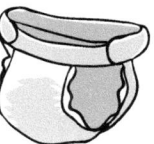

el pañal

vystyklai

la oficina
biuras

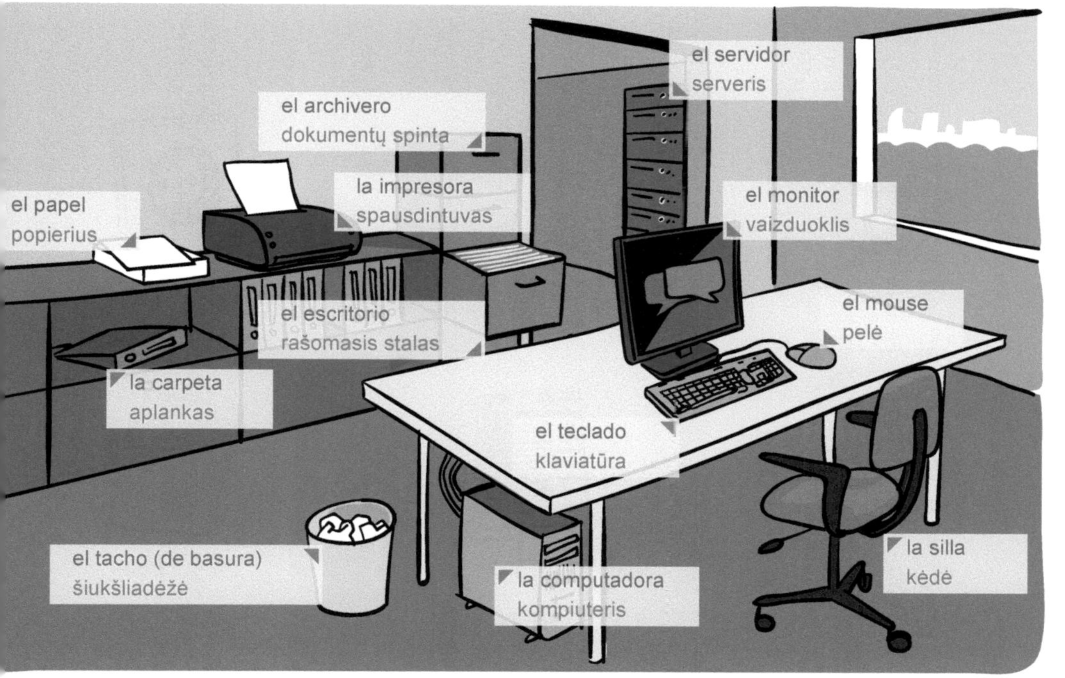

el servidor
serveris
el archivero
dokumentų spinta
la impresora
spausdintuvas
el papel
popierius
el monitor
vaizduoklis
el escritorio
rašomasis stalas
el mouse
pelė
la carpeta
aplankas
el teclado
klaviatūra
el tacho (de basura)
šiukšliadėžė
la silla
kėdė
la computadora
kompiuteris

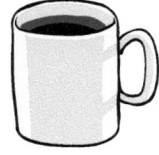

la taza de café

kavos puodelis

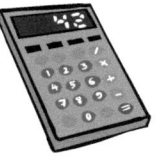

la calculadora

kalkuliatorius

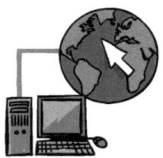

el internet

internetas

la laptop

nešiojamasis kompiuteris

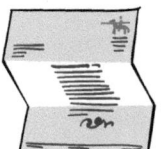

la carta

laiškas

el mensaje

žinutė

el celular

mobilusis telefonas

la red

tinklas

la fotocopiadora

fotokopijavimo aparatas

el software

programinė įranga

el teléfono

telefonas

el tomacorriente

kištukinis lizdas

el fax

faksas

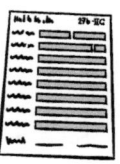

el formulario

forma

el documento

dokumentas

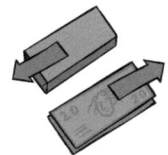

comprar

pirkti

pagar

mokėti

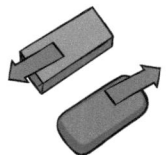

hacer negocios

prekiauti

el dinero

pinigai

el dólar

doleris

el euro

euras

el yen

jena

el rublo

rublis

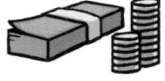

el franco suizo

Šveicarijos frankas

el yuan

juanis

la rupia

rupija

el cajero automático

bankomatas

la casa de cambio

valiutos keitykla

el oro

auksas

la plata

sidabras

el petróleo

nafta

la energía

energija

el precio

kaina

el contrato

sutartis

el impuesto

mokestis

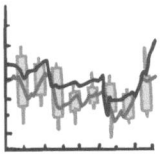

la acción

akcijos

trabajar

dirbti

el empleado

darbuotojas

el empleador

darbdavys

la fábrica

gamykla

el negocio

parduotuvė

las ocupaciones
profesijos

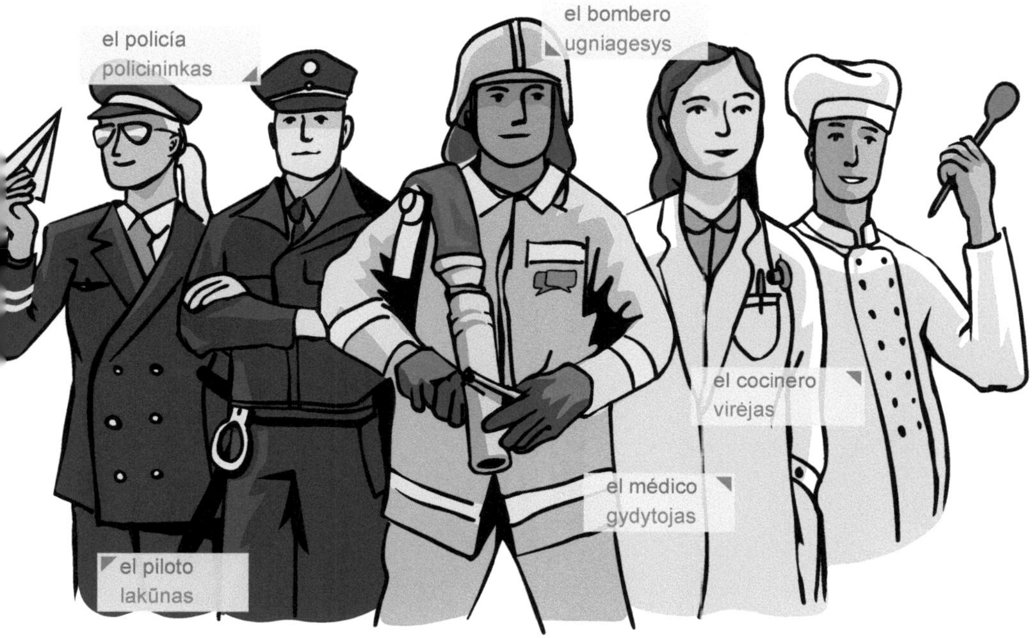
el policía
policininkas
el bombero
ugniagesys
el cocinero
virėjas
el médico
gydytojas
el piloto
lakūnas

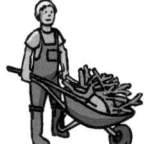

el jardinero
sodininkas

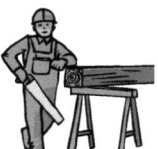

el carpintero
stalius

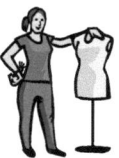

la modista
siuvėja

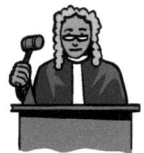

el juez
teisėjas

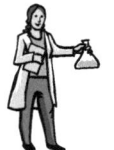

el farmacéutico
chemikas

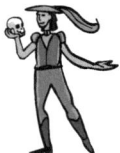

el actor
aktorius

el colectivero

autobuso vairuotojas

el taxista

taksi vairuotojas

el pescador

žvejys

la mucama

valytoja

el techista

stogdengys

el mozo

padavėjas

el cazador

medžiotojas

el pintor

dailininkas

el panadero

kepėjas

el electricista

elektrikas

el albañil

statybininkas

el ingeniero

inžinierius

el carnicero

mėsininkas

el plomero

santechnikas

el cartero

paštininkas

el soldado

kareivis

el arquitecto

architektas

el cajero

kasininkas

el florista

gėlininkas

el peluquero

kirpėjas

el cobrador

konduktorius

el mecánico

mechanikas

el capitán

kapitonas

el dentista

odontologas

el científico

mokslininkas

el rabino

rabinas

el imán

imamas

el monje

vienuolis

el sacerdote

kunigas

las herramientas

įrankiai

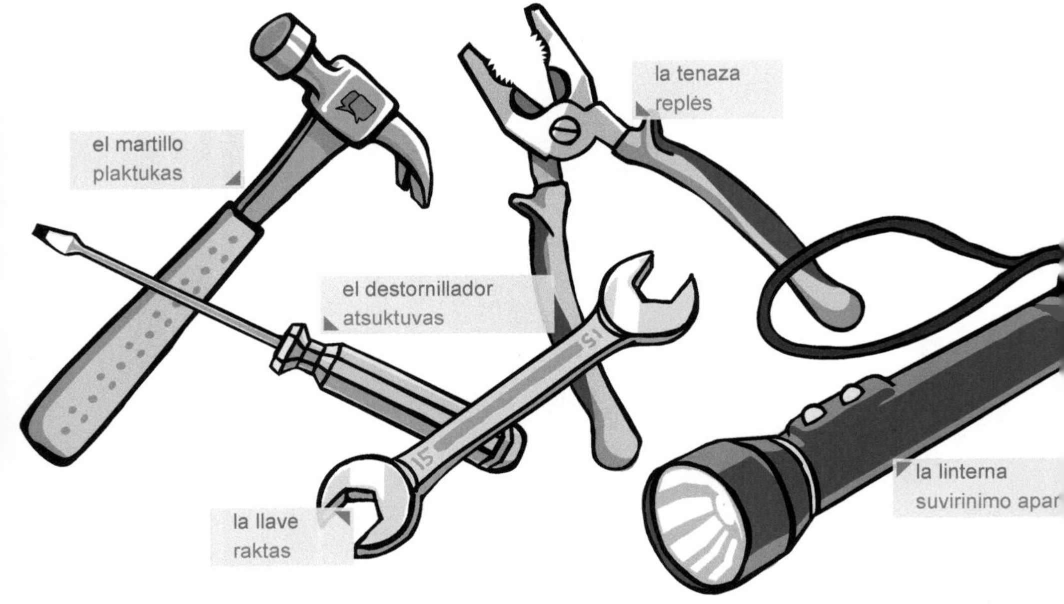
el martillo
plaktukas
la tenaza
replės
el destornillador
atsuktuvas
la llave
raktas
la linterna
suvirinimo apar

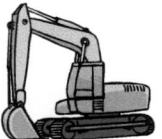

la excavadora

ekskavatorius

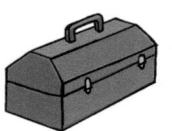

la caja de herramientas

įrankių dėžė

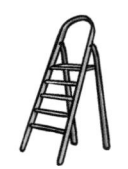

la escalera portátil

kopėčios

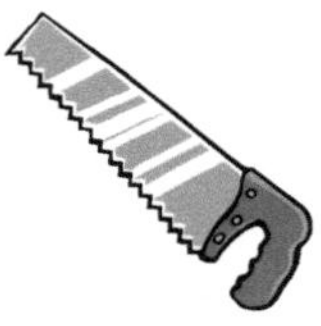

la sierra

pjūklas

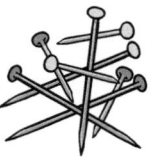

los clavos

vinys

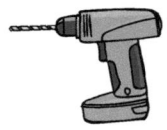

el taladro

grąžtas

arreglar

taisyti

la pala de jardín

kastuvas

¡Qué bronca!

Velniava!

la pala de plástico

semtuvėlis

el tacho de pintura

dažų skardinė

los tornillos

varžtai

los instrumentos musicales
muzikos instrumentai

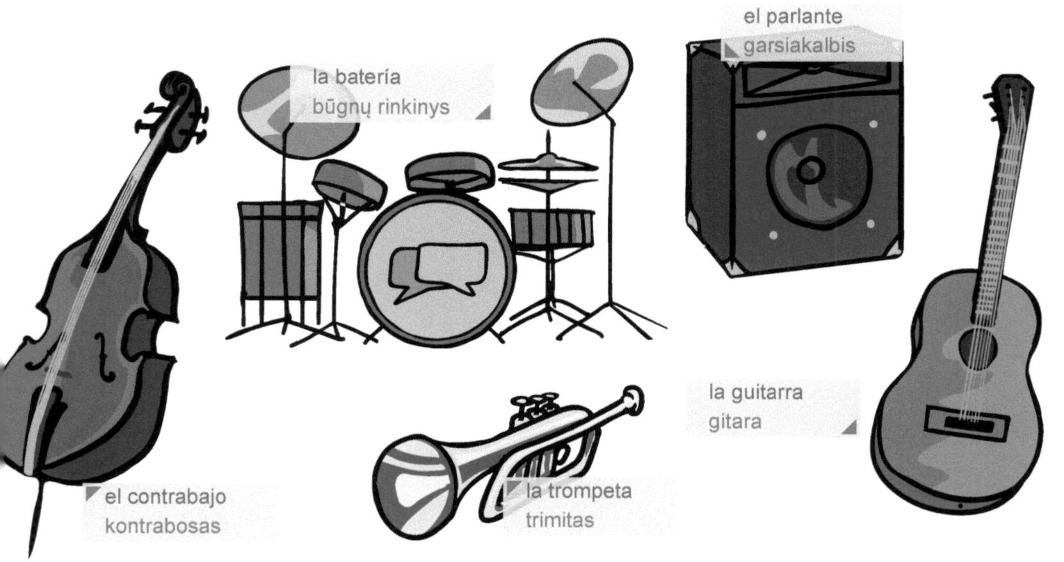

la batería
būgnų rinkinys

el parlante
garsiakalbis

la guitarra
gitara

el contrabajo
kontrabosas

la trompeta
trimitas

el piano

pianinas

el violín

smuikas

el bajo

bosinė gitara

los timbales

timpanas

el tambor

būgnai

el teclado

sintezatorius

el saxofón

saksofonas

la flauta

fleita

el micrófono

mikrofonas

los instrumentos musicales - muzikos instrumentai

el zoológico

zoologijos sodas

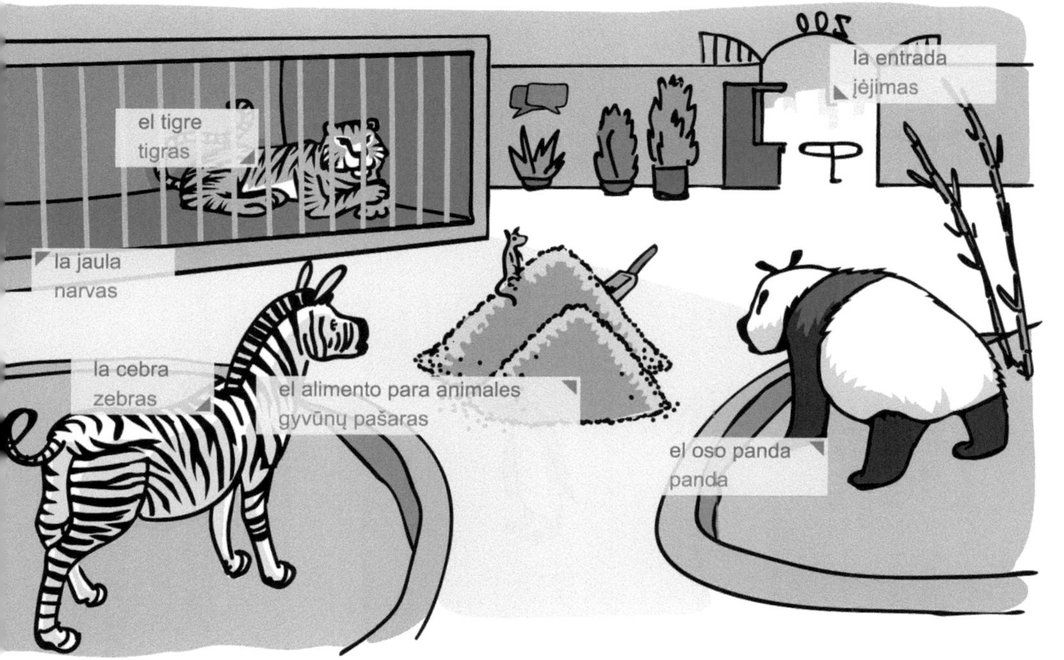

la entrada
įėjimas
el tigre
tigras
la jaula
narvas
la cebra
zebras
el alimento para animales
gyvūnų pašaras
el oso panda
panda

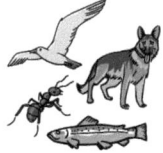

los animales

gyvūnai

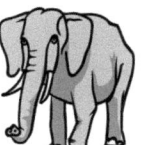

el elefante

dramblys

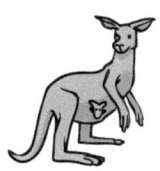

el canguro

kengūra

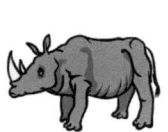

el rinoceronte

raganosis

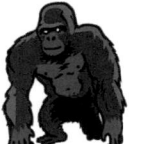

el gorila

gorila

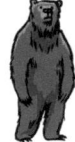

el oso

meška

el camello

kupranugaris

el avestruz

strutis

el león

liūtas

el mono

beždžionė

el flamenco

flamingas

el loro

papūga

el oso polar

baltoji meška

el pingüino

pingvinas

el tiburón

ryklys

el pavo real

povas

la serpiente

gyvatė

el cocodrilo

krokodilas

el cuidador del zoológico

zoologijos sodo prižiūrėtojas

la foca

ruonis

el jaguar

jaguaras

el poni

ponis

el leopardo

leopardas

el hipopótamo

begemotas

la jirafa

žirafa

el águila

erelis

el jabalí

šernas

el pescado

žuvis

la tortuga

vėžlys

la morsa

vėplys

el zorro

lapė

la gacela

gazelė

el fútbol americano
amerikietiškas futbolas

el ciclismo
dviračių sportas

el tenis
tenisas

el básquet
krepšinis

la natación
plaukimas

el boxeo
boksas

el hockey sobre hielo
ledo ritulys

el fútbol
futbolas

el bádminton
badmintonas

el atletismo
atletika

el handball
rankinis

el esquí
slidinėjimas

el polo
polas

saltar
šokinėti

abrazar
apkabinti

reír
juoktis

caminar
vaikščioti

cantar
dainuoti

soñar
svajoti

rezar
melstis

besar
bučiuoti

escribir
rašyti

dibujar
piešti

mostrar
rodyti

presionar
stumti

dar
duoti

tomar
imti

tener

turėti

hacer

daryti

ser

būti

estar parado

stovėti

correr

bėgti

tirar

traukti

tirar

mesti

caer

kristi

estar acostado

meluoti

esperar

laukti

llevar

nešti

estar sentado

sėdėti

vestirse

rengtis

dormir

miegoti

despertar

pabusti

mirar

žiūrėti

llorar

verkti

acariciar

glostyti

peinar

šukuoti

hablar

kalbėti

entender

suprasti

preguntar

paklausti

escuchar

klausytis

beber

gerti

comer

valgyti

ordenar

tvarkytis

amar

mylėti

cocinar

gaminti

manejar

vairuoti

volar

skristi

navegar

buriuoti

calcular

skaičiuoti

leer

skaityti

aprender

mokytis

trabajar

dirbti

casarse

vesti

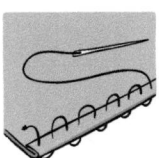

coser

siūti

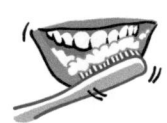

cepillarse los dientes

valytis dantis

matar

žudyti

fumar

rūkyti

enviar

siųsti

la abuela
senelė

el abuelo
senelis

el padre
tėvas

la madre
motina

el bebé
kūdikis

la hija
dukra

el hijo
sūnus

el invitado

svečias

la tía

teta

el tío

dėdė

el hermano

brolis

la hermana

sesuo

el cuerpo
kūnas

la frente
kakta
el ojo
akis
el hombro
petys
el dedo
pirštas
la cara
veidas
la pera
smakras
la mano
plaštaka
la pierna
koja
el pecho
krūtinė
el brazo
ranka

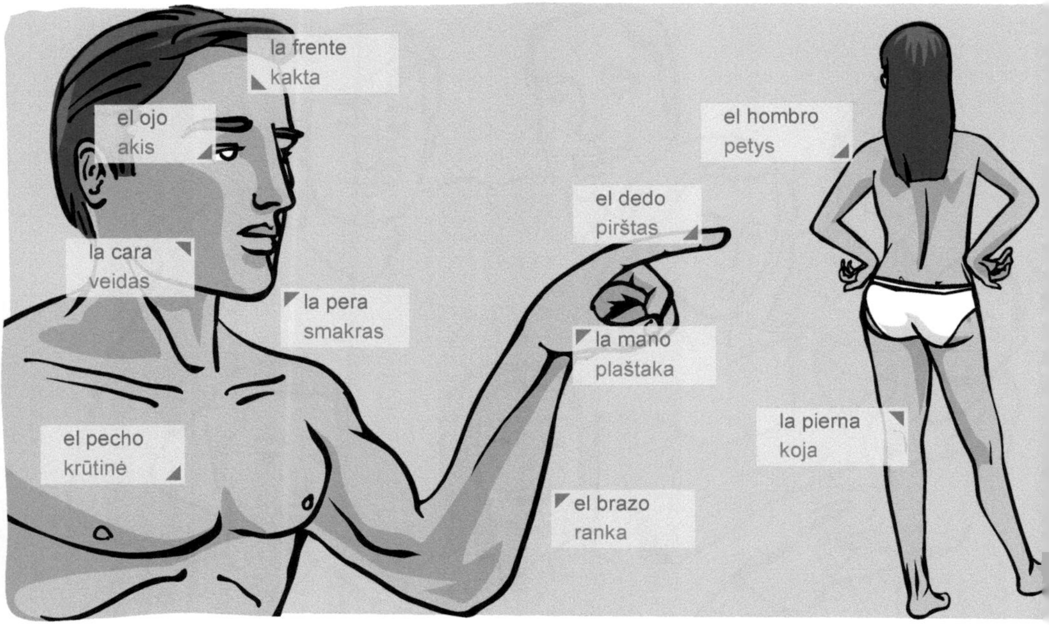

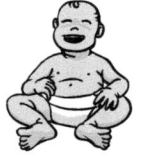

el bebé

kūdikis

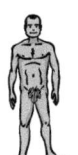

el hombre

vyras

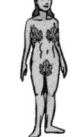

la mujer

moteris

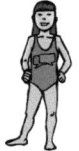

la nena

mergaitė

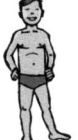

el nene

berniukas

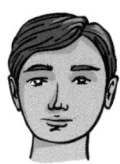

la cabeza

galva

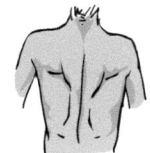

la espalda

nugara

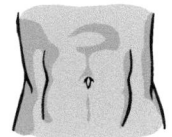

la panza

pilvas

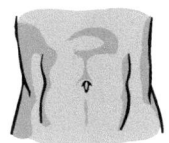

el ombligo

bamba

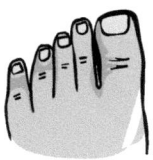

el dedo del pie

kojos pirštas

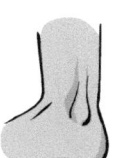

el talón

kulnas

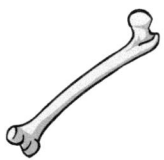

el hueso

kaulas

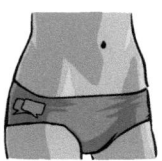

la cadera

klubas

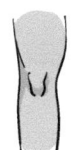

la rodilla

kelis

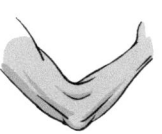

el codo

alkūnė

la nariz

nosis

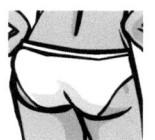

la cola

sėdmenys

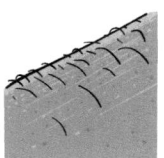

la piel

oda

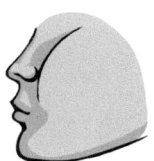

el cachete

skruostas

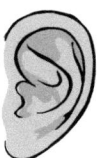

la oreja

ausis

el labio

lūpa

la boca

burna

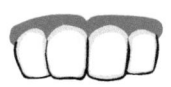

el diente

dantis

la lengua

liežuvis

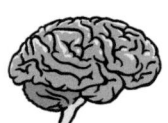

el cerebro

smegenys

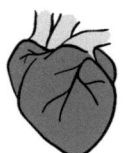

el corazón

širdis

el músculo

raumuo

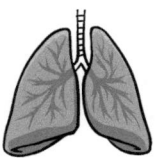

el pulmón

plaučiai

el hígado

kepenys

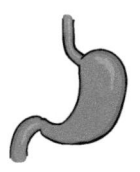

el estómago

skrandis

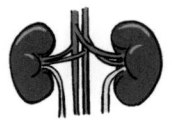

los riñones

inkstai

el sexo

seksas

el preservativo

prezervatyvas

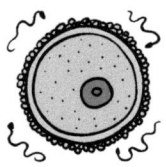

el óvulo

kiaušialąstė

el semen

sperma

el embarazo

nėštumas

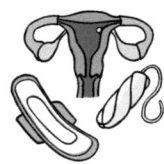

la menstruación

menstruacijos

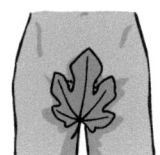

la vagina

makštis

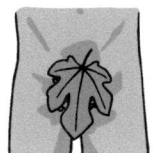

el pene

varpa

la ceja

antakis

el pelo

plaukai

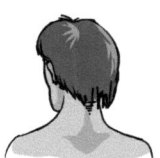

el cuello

kaklas

el hospital
ligoninė

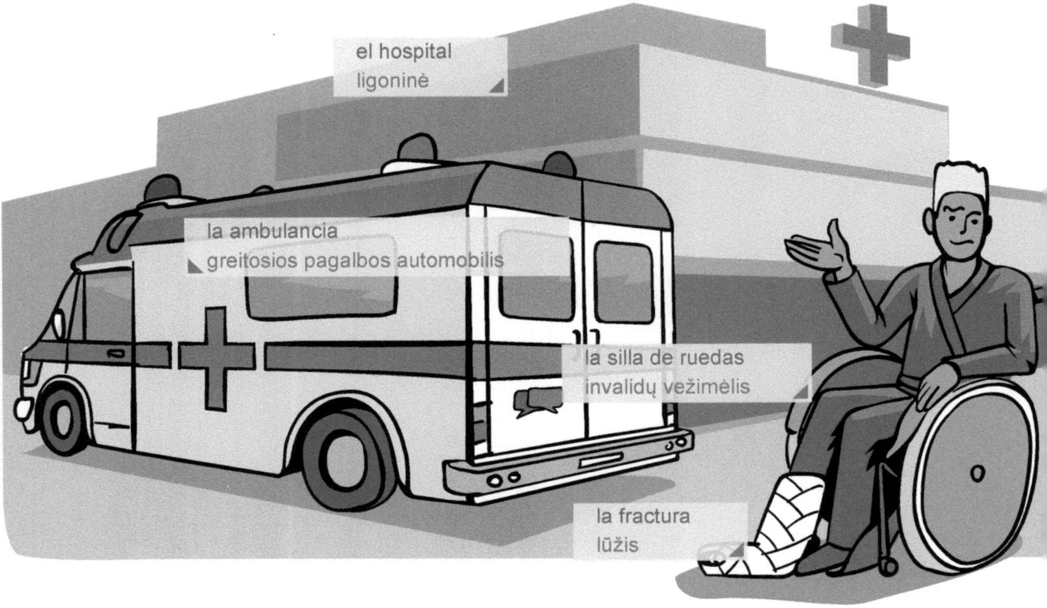

el hospital
ligoninė
la ambulancia
greitosios pagalbos automobilis
la silla de ruedas
invalidų vežimėlis
la fractura
lūžis

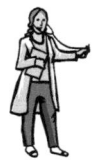

el médico

gydytojas

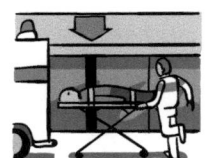

la sala de guardia

skubios pagalbos skyrius

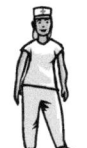

la enfermera

slaugytoja

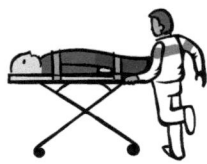

la emergencia

nelaimingas atsitikimas

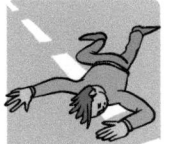

inconsciente

be sąmonės

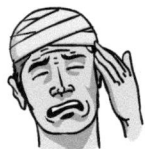

el dolor

skausmas

la lesión

sužalojimas

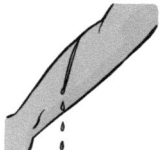

la hemorragia

kraujavimas

el infarto

širdies smūgis

el ACV

insultas

la alergia

alergija

la tos

kosulys

la fiebre

karščiavimas

la gripe

gripas

la diarrea

viduriavimas

el dolor de cabeza

galvos skausmas

el cáncer

vėžys

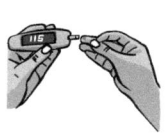

la diabetes

diabetas

el cirujano

chirurgas

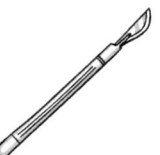

el bisturí

skalpelis

la operación

operacija

la TC

KT

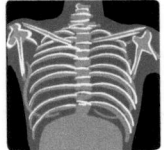

los rayos x

rentgenas

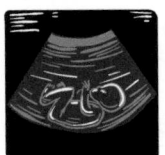

la ecografía

ultragarsas

el barbijo

veido kaukė

la enfermedad

liga

la sala de espera

laukiamasis

la muleta

ramentas

la curita

gipsas

la venda

tvarstis

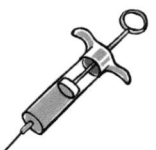

la inyección

injekcija

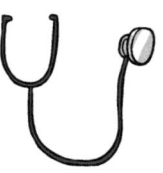

el estetoscopio

stetoskopas

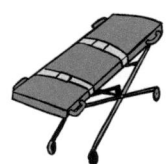

la camilla

neštuvai

el termómetro

termometras

el nacimiento

gimimas

el sobrepeso

antsvoris

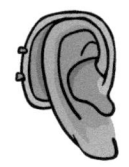

el audífono

klausos aparatas

el desinfectante

dezinfekavimo priemonė

la infección

infekcija

el virus

virusas

el VIH / SIDA

ŽIV / AIDS

el remedio

vaistas

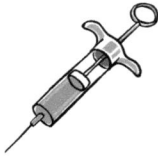

la vacunación

skiepijimas

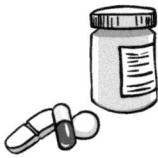

los comprimidos

tabletės

la pastilla anticonceptiva

piliulė

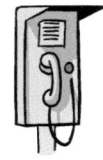

a llamada de emergencia

kubios pagalbos numeris

el tensiómetro

kraujospūdžio matuoklis

enfermo / sano

ligotas / sveikas

¡Ayuda!

Padėkite!

la alarma

pavojaus signalas

la agresión

užpuolimas

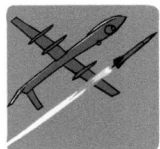

el ataque

ataka

el peligro

pavojus

la salida de emergencia

avarinis išėjimas

¡Fuego!

Gaisras!

el matafuego

gesintuvas

el accidente

nelaimingas atsitikimas

el botiquín de primeros auxilios

pirmosios pagalbos rinkinys

el SOS

SOS

la policía

policija

Europa

Europa

América del Norte

Šiaurės Amerika

América del Sur

Pietų Amerika

África

Afrika

Asia

Azija

Australia

Australija

el Atlántico

Atlanto vandenynas

el Pacífico

Ramusis vandenynas

el Océano Índico

Indijos vandenynas

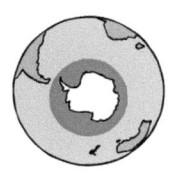

el Océano Antártico

Pietų vandenynas

el Océano Ártico

Arkties vandenynas

el polo norte

Šiaurės ašigalis

el polo sur

Pietų ašigalis

la Antártida

Antarktida

la Tierra

Žemė

la tierra

sausuma

el mar

jūra

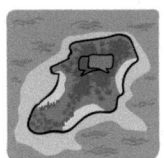

la isla

sala

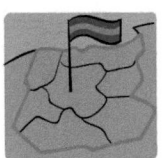

la nación

tauta

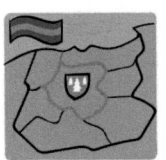

el estado

valstybė

la esfera

ciferblatas

la manecilla de las horas

valandinė rodyklė

el minutero

minutinė rodyklė

el segundero

sekundinė rodyklė

¿Qué hora es?

Kiek valandų?

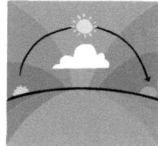

el día

diena

la hora

laikas

ahora

dabar

el reloj digital

skaitmeninis laikrodis

el minuto

minutė

la hora

valanda

la semana
savaitė

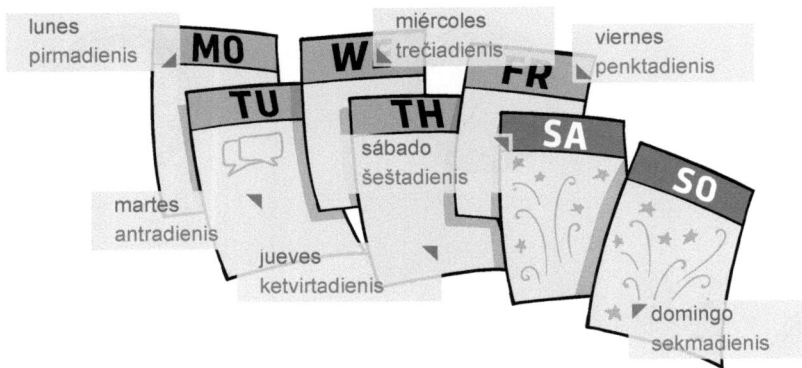

lunes / pirmadienis
miércoles / trečiadienis
viernes / penktadienis
martes / antradienis
jueves / ketvirtadienis
sábado / šeštadienis
domingo / sekmadienis

ayer
vakar

hoy
šiandien

mañana
rytoj

la mañana
rytas

el mediodía
vidurdienis

la tarde
vakaras

los días hábiles
darbo dienos

el fin de semana
savaitgalis

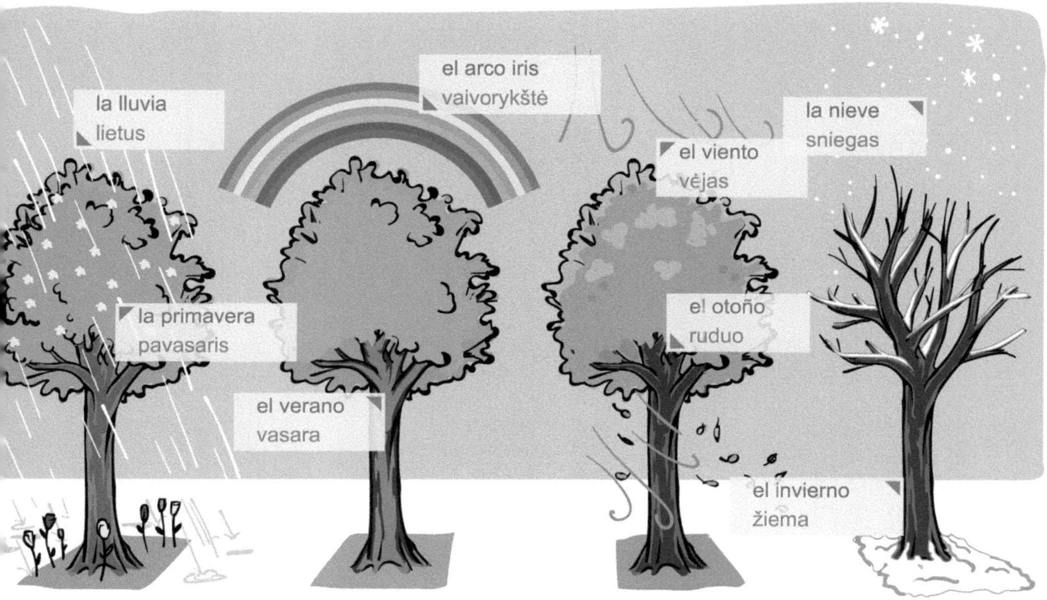

la lluvia
lietus

el arco iris
vaivorykštė

la nieve
sniegas

el viento
vėjas

la primavera
pavasaris

el otoño
ruduo

el verano
vasara

el invierno
žiema

4.APRIL	11°	☀
5.APRIL	4°	☁
6.APRIL	13°	☂
7.APRIL	8°	❄
8.APRIL	10°	☀

pronóstico meteorológico

orų prognozė

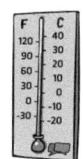

el termómetro

lauko termometras

la luz del sol

saulės šviesa

la nube

debesis

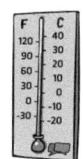

la niebla

rūkas

la humedad

drėgmė

el rayo

žaibas

el trueno

griaustinis

la tormenta

audra

el granizo

kruša

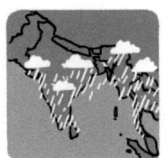

el monzón

musonas

la inundación

potvynis

el hielo

ledas

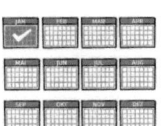

enero

sausis

febrero

vasaris

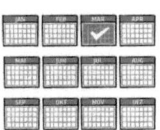

marzo

kovas

abril

balandis

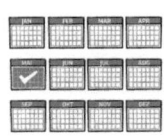

mayo

gegužė

junio

birželis

julio

liepa

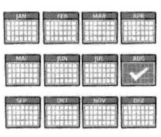

agosto

rugpjūtis

el año - metai

septiembre

rugsėjis

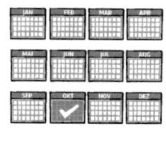

octubre

spalis

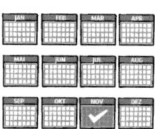

noviembre

lapkritis

diciembre

gruodis

las formas

formos

el círculo

apskritimas

el cuadrado

kvadratas

el rectángulo

stačiakampis

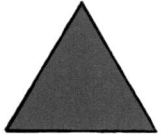

el triángulo

trikampis

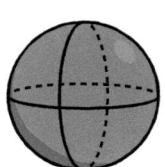

la esfera

sfera

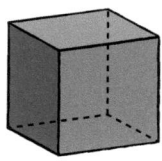

el cubo

kubas

blanco

balta

amarillo

geltona

naranja

oranžinė

rosa

rožinė

rojo

raudona

violeta

violetinė

azul

mėlyna

verde

žalia

marrón

ruda

gris

pilka

negro

juoda

mucho / poco

daug / mažai

enojado / tranquilo

piktas / ramus

lindo / feo

gražus / bjaurus

el principio / el fin

pradžia / pabaiga

grande / chico

didelis / mažas

claro / oscuro

šviesus / tamsus

el hermano / la hermana

brolis / sesuo

limpio / sucio

švarus / purvinas

completo / incompleto

užbaigtas / neužbaigtas

el día / la noche

diena / naktis

muerto / vivo

miręs / gyvas

ancho / angosto

platus / siauras

comestible / no comestible

valgomas / nevalgomas

malo / amable

piktas / malonus

entusiasmado / aburrido

linksmas / nuobodus

gordo / flaco

storas / plonas

primero / último

pirmiausia / paskiausia

el amigo / el enemigo

draugas / priešas

lleno / vacío

pilnas / tuščias

duro / blando

kietas / minkštas

pesado / liviano

sunkus / lengvas

el hambre / la sed

alkis / troškulys

enfermo / sano

ligotas / sveikas

ilegal / legal

nelegalus / legalus

inteligente / estúpido

protingas / kvailas

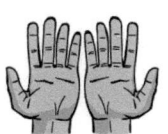

izquierda / derecha

kairė / dešinė

cerca / lejos

arti / toli

nuevo / usado

naujas / naudotas

nada / algo

niekas / kažkas

viejo / joven

senas / jaunas

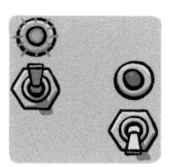

encendido / apagado

įjungta / išjungta

abierto / cerrado

atidaryta / uždaryta

silencioso / ruidoso

tylus / garsus

rico / pobre

turtingas / vargšas

correcto / incorrecto

teisus / neteisus

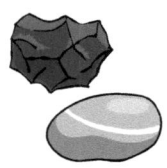

áspero / suave

šiurkštus / švelnus

triste / contento

liūdnas / laimingas

corto / largo

trumpas / ilgas

lento / rápido

lėtas / greitas

mojado / seco

drėgnas / sausas

caliente / frío

šiltas / šaltas

guerra / paz

karas / taika

0

cero

nulis

1

uno

vienas

2

dos

du

3

tres

trys

4

cuatro

keturi

5

cinco

penki

6

seis

šeši

7

siete

septyni

8

ocho

aštuoni

9

nueve

devyni

10

diez

dešimt

11

once

vienuolika

12

doce

dvylika

13

trece

trylika

14

catorce

keturiolika

15

quince

penkiolika

16

dieciséis

šešiolika

17

diecisiete

septyniolika

18

dieciocho

aštuoniolika

19

diecinueve

devyniolika

20

veinte

dvidešimt

100

cien

šimtas

1.000

mil

tūkstantis

1.000.000

el millón

milijonas

el inglés

anglų

el inglés americano

amerikiečių anglų

el chino mandarín

kinų (mandarinų)

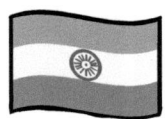

el hindi

hindi

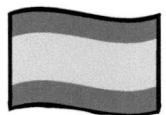

el español

ispanų

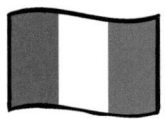

el francés

prancūzų

el árabe

arabų

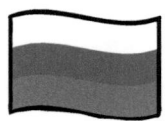

el ruso

rusų

el portugués

portugalų

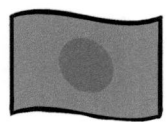

el bengalí

bengalų

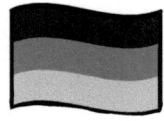

el alemán

vokiečių

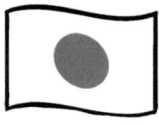

el japonés

japonų

yo

aš

vos

tu

él / ella

jis / ji

nosotros

mes

ustedes

jūs

ellos

jie

¿quién?

kas?

¿qué?

ką?

¿cómo?

kaip?

¿dónde?

kur?

¿cuándo?

kada?

el nombre

vardas

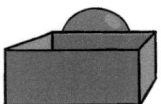

detrás

už

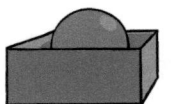

en

kur (vieta)

adelante de

priešais

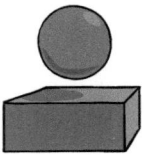

por encima de

virš

sobre

ant

debajo de

po

al lado de

prie

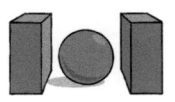

entre

tarp

el lugar

vieta